NOTAS ACERCA DOS DANOS MORAIS E SUA APLICAÇÃO NOS DIVERSOS RAMOS DE DIREITO

Por

Maxwell Mendes Oliveira

<u>*Agradecimentos*</u>*:*

Para meus pais, Mauro e Vilmar,
exemplos na minha vida.

Para minha esposa Michelli e minha
filha Maria Júlia, amores da minha vida.

Para meus sogros Adair e Maria Luíza
("in memoriam").

Para meu irmão de letras Gamma.

Edição revista pelo autor

INTRODUÇÃO:

O tema dano moral, geralmente, desperta um grande interesse. Já polêmico em sua origem, vez que o dano moral é tudo o que não pode ser mesurado, é uma dor psicológica profunda, que refoge do mero aborrecimento.

E dado o fato de que seu espectro abrange, à exceção do Direito Penal, (embora em muitos casos deste se origine o dever indenizatório), todos os ramos do Direito, com ele se estreitam intimamente.

Por este motivo, estamos elaborando este pequeno resumo sobre o tema, com a finalidade de complementar e fornecer um suporte aos operadores do Direito. Espero que apreciem o estudo e que este possa servir de suporte aos colegas.

2. HISTÓRICO:

Os primórdios do instituto do dano moral remontam à antiguidade. Temos à princípio o Código de Ur-Nammu (leis sumérias) que previam um considerável número de fatos onde a vindita (vingança) seria substituída por um pena pecuniária, onde se adotaria o princípio da reparabilidade. Outros apontam o Código de Manu (Índia) e o famoso Código de Hammurabi (Mesopotâmia, atual Iraque), como legislações que previam a alternativa de penalidade pecuniária em substituição ao direito de vingança, tão comum no Pentateuco (a lei de Talião).

Interessante frisar que Moisés, idealizador do Pentateuco, num trecho da Bíblia (Deuteronômio, 22:13,19), cita o caso de uma moça que é injuriada pelo marido, dizendo este que ela não era mais virgem. Os pais da moça, então, recorrem aos anciãos com a prova de que a mesma ainda o era.

Numa condenação pelo juízo da época, o marido foi responsabilizado à indenizá-la em 30 ciclos de prata.

No período homérico, do Império Grego, também se tornou comum a indenização, ou compensação financeira, era uma tradição abolindo o direito de vingança. No Direito Romano, surgiu a "actio injuriarum astimatória", o injuriado podia pleitear perante o magistrado uma quantia em dinheiro, como forma de reparar alguma injúria sofrida. O juiz, neste caso, era livre para decidir se o pedido seria certo. Surgiram logo depois, um colegiado de juízes, denominado Recuperadores, que estavam autorizados a estipular, conforme critérios próprios, multas sobre o dano. Haviam duas peculiaridades sobre esta ação pretoriana: tinha o prazo prescricional de um ano, e se houvesse a derrota do autor, este deveria indenizar o réu em um décimo do valor pleiteado.

2.1 – Dano moral no Brasil

Uma das primeiras legislações a vigorar em solo brasileiro, as Ordenações Filipinas, e posteriormente, o Código Criminal do Império, de 1830, dispunham que a indenização deveria ser a mais abrangente possível. O dispositivo foi reproduzido no art. 800 da Consolidação das Leis Civis, de Augusto Teixeira de Freitas. O Código Penal de 1890, em seus artigos 70 e 275, previam a indenização por dano moral, para a mulher ofendido e que deveria ser estabelecida pela lei civil.

O art. 21 da Lei 2.681/12 previu a reparação patrimonial, e além desta, a indenização conveniente em casos de lesão corpórea ou deformidade. O art. 76 do Código Civil de 1916 reconhecia tal direito, mas havia grande resistência. Mesmo no caso do art. 1538, o STF à época não reconhecia o direito à indenização por danos morais (também denominado reparo afetivo).

Esta realidade perdurou durante muitos anos, mas à partir do advento do Código Brasileiro de Telecomunicações (lei 4.117/62), que em seus arts. 81 à 88, tratavam expressamente do termo, bem como do advento do Código Eleitoral (lei 4.737/65) e da Lei de Imprensa (Lei 5.250/67), o panorama mudou. Mas ainda assim, houveram inúmeras divergências. Estas extinguiram-se com o advento da Constituição Federal de 1988.

A Carta magna, em seu art. 5º, incs. V e X, introduziu o dano moral como categoria de cláusula pétrea, e ainda deixando claro a indenização do dano à imagem, do dano estético, subgêneros do dano moral.

3 – RESPONSABILIDADE CIVIL – DISTINÇÃO ENTRE RESPONSABILIDADE SUBJETIVA, OBJETIVA E TEORIA DO RISCO INTEGRAL:

Para que, em linhas gerais, haja um dever de indenização, uma obrigação reparatória, são necessários os seguintes componentes:

1 – Evento danoso: ação ou omissão, podendo tratar-se de um ilícito civil, penal, trabalhista, tributário, administrativo ou previdenciário. É este evento que em seu bojo gera a obrigação reparatória;

2 – Nexo de causalidade – é a correlação, o fio condutor entre o evento danoso e a obrigação indenizatória;

3 - Dever de indenizar – é a obrigação, a

responsabilidade em reparar o dano provocado, é a obrigação de recompor.

Ainda temos o elemento culpa, que seria a ação, omissão, negligência, imprudência ou imperícia, intencional ou não de um dever de cuidado. É intimamente ligado à responsabilidade subjetiva, ou risco subjetivo, sobre o qual falaremos abaixo.

3. 1 – Risco subjetivo ou responsabilidade subjetiva:

É a formada pelos quatro elementos apontados: dano, nexo, culpa e responsabilidade. Ainda impera em nosso Direito, como é o caso do art. 186 do Código Civil, o qual acresce especialmente, o dano moral. Por exemplo, se um homem atropela outro em seu carro, sendo ele o condutor do veículo, temos a responsabilidade subjetiva.

3.2 – **Responsabilidade objetiva:**

A Constituição Federal (ex.: art.; 37, §6º), o atual Código Civil (ex.; arts. 931 e 932), o Código de Defesa do Consumidor em toda a sua extensão privilegiam esta modalidade de indenização. Necessário comprovar o evento danoso, nexo e a responsabilidade. Há uma certa curiosidade no sentido de que como já dito linhas retro, a responsabilidade predominante é de cunho subjetivo, mas com o advento do Código Civil de 2002, algumas modalidades antes de cunho subjetivo, passaram a ser objetivo (ex.: ato de preposto, de filhos menores, de que da queda de parte de prédio, animais na pista, transporte de pessoas e coisas, entre outros).

Aproveitando o exemplo anterior, se pegarmos o caso do

atropelamento, mas no caso, o condutor é um preposto do proprietário do veículo, temos a responsabilidade objetiva. Vide a jurisprudência abaixo:

> "Administrativo. Responsabilidade civil. Indenização por danos materiais e morais. Acidente de trânsito causado por animal (cavalo) na pista de rolamento. Concessionária de serviço público. Relação de consumo. Dever de zelo e fiscalização da rodovia. Serviço defeituoso. Código de defesa do consumidor. Aplicação. Responsabilidade objetiva. Art. 14 CDC. DER. Fiscalização da concessão. Responsabilidade subsidiária do DER. Denunciação da lide ao Bradesco Seguros. Contrato de seguros. Responsabilidade solidária

da seguradora. Denunciação da lide ao IRB BRASIL RESSEGUROS S.A. Inadmissibilidade. Contrato de seguros entre a segurada e o IRB. Terceiro estranho à lide. Indenização. Danos morais. Despesas com tratamento médico e hospitalar auferidos pelas notas fiscais e recibos juntados. Danos materiais, deduzida da condenação a verba já percebida pelo autor a título de seguro obrigatório. Sentença de improcedência. Reforma. Inversão dos ônus sucumbenciais. Apelação parcialmente provida. 1. A responsabilidade da concessionária de serviço público é aferida objetivamente, tendo em vista o disposto no art. 37, § 6º da CF/88 e no Código de Defesa do Consumidor. 2. Evidenciada a falha na prestação do serviço pela concessionária ré, que é responsável pela adequada e segura trafegabilidade na via, deve responder objetivamente pelos prejuízos experimentados pelo autor. 3. Verificada a responsabilidade subsidiária entre a concessionária e o DER, autarquia que responde pelos próprios atos, responsável pela fiscalização da concessão. 4. Se a seguradora comparece a Juízo aceitando a denunciação da lide feita pelo réu e contestando o pedido principal, assume ela a condição de litisconsorte passiva, formal e materialmente, podendo, em consequência, ser condenada, direta e solidariamente, com o réu. 5. Inexiste obrigação do IRB perante o segurado, mas apenas em relação à própria seguradora. 6. Danos materiais comprovados com recibos e notas fiscais das despesas com tratamento médico e hospitalar, condizentes com o infortúnio no qual se envolveu o autor. Ausência de elementos de prova que impeçam a utilização dos mesmos para a fixação do quantum indenizatório devido. Dedução do montante da condenação a verba já percebida pelo autor a título de seguro obrigatório". (TJPR - 1ª C.Cível - AC 904152-3 - Maringá - Rel.: Salvatore Antonio Astuti - Unânime - J. 11.09.2012).

Do acórdão ora analisado, muda-se a figura de culpa, para a desnecessidade de culpa, quando o agente passa a responder pela ocorrência do evento.

3.3 – <u>Teoria do risco integral</u>:

A teoria do risco integral é de cunho eminentemente social. Ela se compõe unicamente de dois elementos: evento danoso e responsabilidade indenizatória. Aqui se chega ao extremo de não se exigir nexo de causalidade. A justificação é para casos extremos. A Lei nº 6.453/77, que dispõe sobre a responsabilidade civil decorrente de acidentes nucleares, admite tal responsabilidade. Na entender de Antonio Chaves[1], temos a seguinte definição para o tema:

> "Embora onde esteja o homem esteja o perigo, existem determinados setores em que a gravidade é muitas vezes exacerbada,

---

[1] Tratado de direito civil – responsabilidade civil; vol. 3, Ed. RT, pág. 190.

exigindo redobrados esforços por parte do legislador.

"Bem por isso, no exercício normal das profissões, obriga a lei a certo grau de previdência e diligência, sob pena de responder cada qual por seus atos.

"Diligência e previdência que se acentua – será preciso dizê-lo – no desempenho das atividades relacionadas com risco está sujeito a regras especiais, a particulares cautelas, tendentes à reduzir as conseqüências dos perigos que exerçam".

Ou seja, uma vez que a atividade seja de tal sorte extremamente perigosa, os cuidados que dela decorram, devam ser extremos para com a coletividade. Assim também, se impõe a penalidade extrema.

4 – SUBGÊNEROS DO DANO MORAL:

Como todo instituto jurídico, o dano moral cria seus subgêneros que tornam-se distintos, mas ao mesmo tempo intrínsecos, os quais passamos a analisar adiante:

4.1 – Dano à imagem:

Ao tratar dos direitos à personalidade, em seus arts. 11 à 21, o Código Civil cria a figura do dano à imagem, o qual engloba a proteção ao nome. Em seu art. 12, o diploma legal fala em coibir a ameaça ou lesão à imagem da pessoa, sem prejuízo de outras indenizações cabíveis, ou seja, cria-se a possibilidade de penalização pecuniária distinta da indenização por danos morais. Comentário interessante é trazido por Luiz Roberto Curado Moreira[2]:

"O que seria então esse pouco falado dano à imagem? Sem nenhuma pretensão além de acalorar o debate, essa espécie de dano deve ser vista como as repercussões sociais do dano que fora tornado público e que, de forma reflexa, foram suportados pela vítima. Destarte, podemos refletir como sendo o aspecto objetivo do dano que, de uma forma ou oura, repercutiu para toda uma coletividade. A Constituição, ao prever a reparabilidade do dano à imagem o faz logo após assegurar a liberdade de expressão (art. 5º, inc. IV, da

[2] A problemática do dano à imagem, site www.jusnavigandi.com.br.

CF) restando nítida a coerência do texto constitucional. Ao estabelecer que 'é livre a manifestação do pensamento, sendo vedado o anonimato' e logo em seguida assegurar, conforme já mencionado, 'direito de resposta, proporcional ao agravo, além da indenização por dano material, moral ou à imagem', a Constituição claramente faz referência à relação de causa e efeito. Ora, direito de resposta e indenização, no tocante ao inciso V, pressupõem uma pretérita manifestação de pensamento. Assim, podemos concluir que nossa Constituição Cidadã garantiu o direito à indenização por dano à imagem como sendo um consectário da livre manifestação de pensamento mal utilizada, ou seja, geradora de conseqüências nefastas para aquele que fora alvo de tal manifestação".

O texto em si é explicativo, deixando claro o pensamento do autor, no sentido da possibilidade de cumulatividade, a qual pode traduzir também, em uma obrigação de fazer, independente de indenização por danos morais.

Podemos ainda, complementar com um julgado da 1ª Turma Recursal dos Juizados Especiais Cíveis do Paraná, acerca do tema:

"RECURSO INOMINADO - AÇÃO DE INDENIZAÇÃO POR DANOS MORAIS - DIVULGAÇÃO EM SITE JORNALÍSTICO DE IMAGENS DO PAI DOS AUTORES FALECIDO EM

RAZÃO DE UM ATROPELAMENTO - OFENSA À IMAGEM - INTELIGÊNCIA DO ART. 5º, X, DA CONSTITUIÇÃO FEDERAL - RECLAMANTES LEGITIMADOS A RECLAMAR OS DANOS DECORRENTES DA CONDUTA ILÍCITA PRATICADA PELA RECLAMADA (ART. 12, § ÚNICO DO CÓDIGO CIVIL) - AUSÊNCIA DE AUTORIZAÇÃO PARA DIVULGAÇÃO DAS IMAGENS - DESCASO E DESRESPEITO - DANO MORAL CONFIGURADO - VALOR DA INDENIZAÇÃO FIXADO CONFORME CRITÉRIOS DA RAZOABILIDADE E PROPORCIONALIDADE - SENTENÇA MANTIDA POR SEUS PRÓPRIOS FUNDAMENTOS.

DECISÃO : Diante do exposto, decidem os Juízes integrantes da Primeira Turma Recursal, por unanimidade de votos, em conhecer e negar provimento ao recurso". (TJPR - 1ª Turma Recursal - 20120003716-2 - Santa Helena - Rel.: ANTONIO CARLOS SCHIEBEL FILHO - - J. 04.10.2012).

4.2 – Dano estético:

Outro subgênero do dano moral advém também em todos os dispositivos que estipulam o primeiro. O dano estético é também uma forma de indenização pecuniária, decorrente de uma deformidade provocada por lesão externa. É muito comum nos casos de acidente de trânsito bem como em transporte de passageiros (aéreo, terrestre e ferroviário), nos casos de acidente de trabalho e também nos casos de relação de consumo.

Complementa-se com a lição de Karaoglan Oliva[3]:

> "O dano estético é toda ofensa, ainda que mínima à integridade física da vítima, que ocorre quando há uma lesão interna no corpo humano, como por exemplo, uma cicatriz, uma queimadura ou a perda de um membro, afetando com isso, a higidez da saúde, a harmonia e incolumidade das formas do corpo, i.e., alterado o corpo da forma original, anterior à ocorrência da lesão".

---

[3] Dano estético: autonomia e cumulação em responsabilidade civil; www.jusnavigandi.com.br

Embora alguns operadores jurídicos tenham posto dúvidas sobre a cumulatividade das indenizações, o STJ editou a Súmula 387 que elimina totalmente a dúvida sobre o tema:

"É lícita a cumulação de indenizações por dano estético e dano moral".

5 – APLICAÇÃO E INTERLIGAMENTO DO INSTITUTO DOS DANOS MORAIS COM OS DIVERSOS RAMOS DO DIREITO:

Os danos morais, como já dito em texto introdutório, à exceção do Direito Penal, embora com ele ligado intimamente em muitos casos, encontra abrangência e interação com todos os ramos do Direito Brasileiro. Passaremos agora, à lista todos esses ramos, e alguns casos comuns à todos eles:

5.1 – Direito Constitucional:

Base de todo Direito Brasileiro, o Direito Constitucional é o ramo que origina o instituto do dano moral no Brasil, e, por conseguinte, sua aplicação em quase todos os demais ramos pertinentes, vez que, como já dito, alça o instituto à nível de cláusula pétrea. A lição do pranteado autor Celso

Ribeiro Bastos[4], é clara e precisa acerca do tema:

> "O inc. X oferece guarida ao direito à reserva da intimidade assim como ao da vida privada. Consiste ainda, na faculdade que tem cada indivíduo de obstar a intromissão de estranhos na sua vida privada e familiares, assim como de impedir-lhes o acesso à informações sobre a privacidade de cada um, e também impedir que sejam divulgadas informações sobre esta área da manifestação essencial do ser humano".

Mais adiante, o autor[5] continua:

---

[4] Curso de Direito Constitucional; Ed. Saraiva, pág. 203.
[5] Op. Cit., pág. 205

"O fato de a Constituição Federal de 1988 ter isolado o dano moral para torná-lo em si mesmo indenizável, independe das repercussões patrimoniais que possam ter surgido, a verdade é que há uma sucessão de danos, isto é, a prática de um dano moral sucede tanto o agravo e o mal-estar na pessoa atingida, quanto as perdas no seu patrimônio".

Por fim, conclui o mestre[6]:

"Na atual teoria da responsabilidade por dano moral, são identificáveis algumas diretrizes que permitem sua aplicação aos casos concretos. Assim é que se encontra consolidada a responsabilização do

---

[6] Op. Cit., 206.

lesante pelo simples fato da violação. Também certa é a desnecessidade de prova de prejuízo, pela fixação do juiz de dimensionamento da reparação devida. Também é acolhida a existência de certos parâmetros para a reparação. Igualmente verifica-se a atribuição à indenização de fator de desestímulo a novas práticas lesivas".

Incluímos ainda, um julgado do STF neste sentido, o qual sedimenta o entendimento do mestre, e a correlação da esfera constitucional com o instituto do dano moral:

"EMENTA: CONSTITUCIONAL. INDENIZAÇÃO POR DANO MORAL. IMUNIDADE PARLAMENTAR. IMPROVIDO. I – Incide a imunidade parlamentar prevista no art. 53 da Constituição quando as opiniões expressadas por deputado estadual, supostamente ofensivas à honra de terceiro, são pronunciadas em circunstâncias relacionadas às atividades de mandatário político por ele exercidas. II - Agravo regimental improvido".(STF - RE 577785 AgR, Relator(a): Min. RICARDO LEWANDOWSKI, Primeira Turma, julgado em 01/02/2011, DJe-034 DIVULG 18-02-2011 PUBLIC 21-02-2011).

Aqui, como se vê dois preceitos jurídicos, o dano moral e a inviolabilidade partidária, haja vista que só demonstra a sedimentação do instituto dentro da seara constitucional, e que é perfeitamente abragida em todas as suas espécies.

5.2 – <u>Direito Civil</u>:

Um dos mais antigos ramos do Direito Brasileiro regulariza a indenização por danos morais, atualmente, no vigente Código Civil, em seu art. 186, e demais dispositivos. A grande dificuldade, e contrariamente, a maior facilidade, é constatar que dentro do Direito Civil, qualquer ato considerado ofensivo, qualquer ato que possa prejudicar a honra ou imagem, ou nome da pessoa, ou até mesmo sua integridade física, como já estudamos tópicos retro, pode redundar numa eventual condenação em danos morais. O leque de exemplos é vasto, sendo os mais comuns: acidente de trânsito (quando não envolva o transporte de passageiros, embora também regulamentado por eles, mas sendo prestação de serviço melhor analisado pela ótica do Código de Defesa do

Consumidor), danos morais por ofensa, injúria e difamação (intimamente ligado aos institutos de Direito Penal), queda de parte de prédio, animais na pista, etc. Podemos pinçar dentro da jurisprudência, alguns exemplos clássicos dos casos já mencionados:

"APELAÇÃO CÍVEL - DEFERIMENTO DA JUSTIÇA GRATUITA AO REQUERIDO - AÇÃO DE REPARAÇÃO DE DANOS - ACIDENTE DE TRÂNSITO - REQUERIDO QUE PERDEU O CONTROLE DO VEÍCULO, ATROPELANDO O FILHO DOS AUTORES EM PONTO DE ÔNIBUS - CULPA DO RÉU EVIDENCIADA -CULPA DE TERCEIRO NÃO COMPROVADA - ÔNUS QUE INCUMBIA AO APELANTE NOS TERMOS DO ARTIGO 333, INCISO II, DO CÓDIGO DE

PROCESSO CIVIL - INDENIZAÇÃO DEVIDA - PROCEDÊNCIA DO PEDIDO - PENSÃO MENSAL - CABIMENTO - FAMÍLIA DE BAIXA RENDA - PRESUNÇÃO DE DEPEDÊNCIA COM RELAÇÃO AO FILHO MENOR FALECIDO - MONTANTE DO DANO MATERIAL - SENTENÇA QUE EXTRAPOLA OS LIMITES DA LIDE - CONDENAÇÃO QUE ULTRAPASSA O VALOR PEDIDO NA INICIAL - NULIDADE PARCIAL EVIDENCIADA - ADEQUAÇÃO DA SENTENÇA AOS LIMITES DA AÇÃO - PENSÃO MENSAL QUE DEVE OBSERVAR A QUANTIA DE 62,5% DO SALÁRIO MÍNIMO - DANO MORAL - PLEITO DE REDUÇÃO - NÃO ACOLHIMENTO --

RECURSO CONHECIDO E PARCIALMENTE PROVIDO". (TJPR - 9ª C.Cível - AC 846773-0 - Foro Regional de São José dos Pinhais da Comarca da Região Metropolitana de Curitiba - Rel.: Domingos José Perfetto - Unânime - J. 19.07.2012).

"I - APELAÇÃO CÍVEL. AÇÃO DE INDENIZAÇÃO POR DANOS MORAIS DECORRENTE DE PRÁTICA DE ATO ILÍCITO EM MEIOS DE COMUNICAÇÃO, CONSISTENTE EM INJÚRIA E DIFAMAÇÃO. UTILIZAÇÃO DAS EXPRESSÕES "FOFOQUEIRO" E "DESONESTO" BEM COMO A AFIRMAÇÃO DE ACUSAÇÃO POR ROUBO. II - EXCESSO DE LINGUAGEM QUE

CARACTERIZA DANO MORAL. III - INDENIZAÇÃO ARBITRADA EM R$ 3.000,00 PARA CADA AUTOR.MANUTENÇÃO. IV - SUCUMBÊNCIA RECÍPROCA.INOCORRÊNCIA. APLICAÇÃO DA SÚMULA 326 DO STJ.V - RECURSO DESPROVIDO".(TJPR - 8ª C.Cível - AC 909227-5 - Pato Branco - Rel.: Jorge de Oliveira Vargas - Unânime - J. 06.09.2012).

"APELAÇÕES CÍVEIS. AÇÃO DE REPARAÇÃO DE DANOS. QUEDA DE OBJETO, DESPRENDIDO DE OBRA, SOBRE A VÍTIMA. PROCEDÊNCIA DOS PEDIDOS INICIAIS. FORMAIS INCONFORMISMOS. APELAÇÃO CÍVEL 1. VITA SORRISO ORTODONTIA LTDA. ARGÜIÇÃO DE

IMPUGNAÇÃO ESPECÍFICA AO PLEITO DE REPARAÇÃO DOS DANOS MATERIAIS. CONGRUIDADE. LIMITAÇÃO AOS PREJUÍZOS EFETIVAMENTE COMPROVADOS. AFASTAMENTO DA INDENIZAÇÃO POR DANOS MORAIS OU, EVENTUALMENTE, REDUÇÃO DA VERBA. IMPERTINÊNCIA. PREJUÍZOS INCONTESTÁVEIS E QUANTIA ADEQUADA PARA REPARÁ-LOS. RECURSO PARCIALMENTE PROVIDO. APELAÇÃO CÍVEL 2. ANA PRISCILA DOS SANTOS ROCHA. MAJORAÇÃO DA VERBA COMPENSATÓRIA POR DANOS MORAIS. NÃO CABIMENTO. CORRETO

ARBITRAMENTO DA INDENIZAÇÃO. ALTERAÇÃO DO TERMO INICIAL DA CORREÇÃO MONETARIA SOBRE OS DANOS MORAIS PARA A DATA DO EVENTO DANOSO. INADEQUABILIDADE. OBSERVÂNCIA À SÚMULA 362 DO SUPERIOR TRIBUNAL DE JUSTIÇA. RECURSO NÃO PROVIDO". (TJPR - 8ª C.Cível - AC 688692-6 - Foro Central da Comarca da Região Metropolitana de Curitiba - Rel.: Guimarães da Costa - Unânime - J. 09.12.2010).

"APELAÇÃO CÍVEL. AÇÃO DE INDENIZAÇÃO POR DANOS MATERIAIS E MORAIS. ACIDENTE DE TRÂNSITO. COLISÃO COM ANIMAL EQÜINO SOLTO EM RODOVIA PEDAGIADA.

IMPROCEDÊNCIA DOS PEDIDOS INICIAIS. FORMAL INCONFORMISMO. RESPONSABILIDADE OBJETIVA DA CONCESSIONÁRIA. HIPÓTESES DE EXCLUDENTES NÃO CONFIGURADAS. DEVER DE PRESTAR O SERVIÇO DE FORMA ADEQUADA. NEGLIGÊNCIA DA DELEGATÁRIA QUANTO À SEGURANÇA DOS USUÁRIOS. CONDENAÇÃO AO RESSARCIMENTO DOS DANOS MATERIAIS E MORAIS. INVERSÃO DOS ÔNUS DE SUCUMBÊNCIA. RECURSO PROVIDO. Responsabilidade objetiva da concessionária por defeito na prestação do serviço, inclusive, pela presença de animais na pista de rolamento, que provoquem acidentes aos usuários". (TJPR - 8ª C.Cível - AC 821126-5 - Maringá - Rel.: Guimarães da Costa - Unânime - J. 17.11.2011).

5.3 – **Direito do consumidor**:

Um dos ramos mais recentes do Direito Brasileiro, surgido com o advento do Código de Defesa do Consumidor, contempla o instituto dos danos morais, em seus arts. 6º, inc. VI, 12, 13, 14, entre outros. Aqui, a gama de exemplos é tão extensa quanto na seara do Direito Civil. Podemos listar alguns casos comuns, como de inscrição indevida, ausência de notificação pelo SERASA, cobrança indevida de serviços não solicitados[7], produto com defeito,

---

[7] Decisões posteriores do Superior Tribunal de Justiça excluíram a indenização por notificação não comprovada do SERASA/SPC, por dizer que tal órgão goza da presunção de veracidade como um órgão público. Abertamente discordamos, pois não são órgãos públicos, não podem a estes

serviço não prestado corretamente, entre outros. A jurisprudência, no melhor sentido, tem listado esses casos, que citamos:

"EMENTA: INDENIZAÇÃO - DANO MORAL - INSCRIÇÃO EM ORGÃO DE PROTEÇÃO AO CRÉDITO - SALDO DEVEDOR QUITADO ATRAVÉS DE DEPÓSITO EM VALOR SUPERIOR AO DEVIDO - DECISÃO JUDICIAL COM TRÂNSITO EM JULGADO RECONHECENDO O PAGAMENTO E DETERMINANDO A DEVOLUÇÃO EM COBRO DO REMANESCENTE DO CRÉDITO - INEXISTÊNCIA

---

ser equiparados, pois são mantidos por entes privados, sem a subvenção do governo.
Melhor sorte, não é possível aceitar a tese em relação à cobrança indevida. Pois, embora não haja uma inscrição indevida, não é admissível que uma empresa se locuplete dos rendimentos de uma pessoa sem uma punição mais severa.

DE PROVA DA DÍVIDA QUE DEU ENSEJO A INSCRIÇÃO - ÔNUS DO RECLAMADO - DANO MORAL IN RE IPSA - PRECEDENTES DESTA TRU E DO STJ - VALOR DA INDENIZAÇÃO ARBITRADO EM R$ 5.100,00 - FIXAÇÃO PRUDENTE E ADEQUADA AO CASO EM CONCRETO - MINORAÇÃO INDEVIDA - SENTENÇA MANTIDA POR SEUS PRÓPRIOS FUNDAMENTOS. Nos termos do artigo 46 da Lei 9. DECISÃO : Diante do exposto, resolve esta Turma Recursal, por unanimidade de votos, conhecer do recurso e, no mérito, negar-lhe provimento, nos exatos termos do voto". (T.R.U./PR – Ac. 686 - Recurso Inominado nº 2011.103-3/0 – Origem: Terra Boa - Relator : Juiz Telmo Zaions Zainko –

DJ: 574 – Publ.: 18/02/2011).

"EMENTA : RECURSO INOMINADO - INDENIZATÓRIA - TELEFONIA - COBRANÇA INDEVIDA DE SERVIÇOS (MENSALIDADE ADICIONAL 100 PULSOS E INTERNET TURBO 250) NÃO SOLICITADOS PELO RECLAMANTE - DECLARAÇÃO DE INEXIGIBILIDADE DA DÍVIDA - DANO MORAL CARACTERIZADO - PRÁTICA REITERADA EM OUTROS CASOS JÁ APRECIADOS PELO COLEGIADO - FATO INDICATIVO DE ABUSO CONTRA O CONSUMIDOR - FUNÇÃO INIBITÓRIA - QUANTUM INDENIZATÓRIO (R$ 1.900,00) ARBITRADO DE ACORDO COM AS

PECULIARIDADES DO CASO CONCRETO - CONFIRMAÇÃO DA SENTENÇA POR SEUS PRÓPRIOS FUNDAMENTOS - RECURSO CONHECIDO E DESPROVIDO. DECISÃO : Acordam os Juízes da Turma Recursal Única dos Juizados Especial Cível e Criminal do Estado do Paraná, por unanimidade de votos, em conhecer e negar provimento ao recurso.Pela sucumbência, condena-se a Recorrente ao pagamento das custas processuais e honorários advocatícios, estes arbitrados em 20% sobre o valor da condenação". (T.R.U./PR – Ac. 31856 - RECURSO INOMINADO N.º 2008.0009281-2/0
- Origem: Campo Mourão
- Juiz Relator: HORÁCIO

RIBAS TEIXEIRA – DJ: 7699
– Publ.: 15/09/2008).

"EMENTA: RECURSO
INOMINADO - TELEFONIA
CELULAR -
INDENIZATÓRIA -
SERVIÇO INEFICIENTE -
DANO MORAL
CONFIGURADO -
ENUNCIADO 1.6 DA
TRU/PR - MINORAÇÃO -
RECURSO CONHECIDO E
PARCIALMENTE
PROVIDO. Configuração do
dano moral: Inatacável a r.
sentença quanto à análise
do dano moral, diante da
constatação da existência
de defeito do serviço, tanto
no que se refere à cobrança
indevida como pelo
desatendimento dos
reclamos do consumidor.
Enunciado N.º 1.6- Call
center ineficiente - dano
moral: Configura dano moral
a obstacularização, pela

precariedade e/ou ineficiência do serviço de call center, por parte da empresa de telefonia, como estratégia para não dar o devido atendimento aos reclamos do consumidor. Arbitramento do dano - minoração: A análise das circunstâncias do caso concreto, tais como a gravidade do fato, a repercussão do dano, o grau de culpa do ofensor, a situação econômico-financeira dos litigantes e os precedentes do Colegiado para casos paradigmáticos, tudo aliado à necessidade de que a indenização não se torne fonte de enriquecimento sem causa, nem seja considerada inexpressiva a ponto de não atender ao duplo objetivo de compensar a vítima e afligir, razoavelmente, o autor do dano, impõe seja minorada a quantia arbitrada na respeitável sentença (R$ 10.200,00) para R$ 5.100,00, corrigida monetariamente e acrescida de juros moratórios contados da data deste julgamento. Acordam os Juízes da 2ª Turma Recursal dos Juizados Especiais do Estado do Paraná, por unanimidade de votos, em conhecer e dar parcial provimento ao recurso do Réu, minorando-se a indenização. Sucumbência: Ante o parcial êxito do recurso, impõe-se a condenação do Recorrente ao pagamento de 50% das custas processuais e de honorários advocatícios em favor do procurador do Recorrido na razão de 10% sobre o valor atualizado da condenação, nos termos do art. 28 da Resolução n.º 01/05 do CSJEs. Por força do disposto no art. 55 da Lei n.º 9.099/95, ao Recorrido-vencido não se impõe o pagamento das verbas sucumbenciais. O julgamento foi presidido pelo Juiz Horácio Ribas Teixeira (relator) e dele participaram os Senhores Juízes Giani Maria Moreschi e Antonio Franco Ferreira da Costa Neto. Curitiba, 03 de dezembro de 2010. HORÁCIO RIBAS TEIXEIRA Juiz Relator". (T.R.U./PR – Ac. 81 - RECURSO INOMINADO N.º 2010.0012782-0/0 - Origem: Terra Boa - Juiz Relator: HORÁCIO RIBAS TEIXEIRA – DJ:527 – Publ.: 13/12/2010).

"RECURSO INOMINADO - AÇÃO DE INDENIZAÇÃO POR DANOS MORAIS - CHEQUES SEM FUNDOS - INSCRIÇÃO NO CCF

OBRIGATÓRIA - DEVIDA - SERASA - AUSÊNCIA DE NOTIFICAÇÃO PRÉVIA - INTELIGÊNCIA DO ARTIGO 43, § 2º DO CDC - DANO MORAL CONFIGURADO - QUANTUM RAZOÁVEL E PROPORCIONAL - MANTIDO - INAPLICABILIDADE DA SÚMULA 385 DO STJ - SENTENÇA MANTIDA POR SEUS PRÓPRIOS FUNDAMENTOS. 1. Sabe-se que o órgão de restrição do crédito é responsável pela prévia comunicação das anotações em seu cadastro, conforme dispõe o art. 43, § 2º, do Código de Defesa do Consumidor, devendo responder por eventuais danos decorrentes do não cumprimento desta formalidade. Restando incontroverso o fato de que o recorrido não recebeu prévia comunicação a respeito da inclusão de seu nome no referido órgão, deve ser ele indenizado. Quanto à alegação de incidência da Súmula 385, do STJ, esta não merece guarida. Isto porque, no caso em tela a inscrição se refere exatamente aos três cheques, sendo que a ordem de inscrição destes independe. 2. Com relação ao valor da indenização por dano moral, este deve ser suficiente para compensar a vítima pelo sofrimento, sem produzir seu enriquecimento sem causa. Todavia, deve conter uma aparência punitiva, com a finalidade de que aquele que tem o dever de indenizar passe a tomar as cautelas necessárias para que não ocorra fato idêntico ao que criou a punição. Assim, levando-se em conta tais considerações, o caráter sancionador, a extensão e a gravidade do dano moral e ainda, a condição econômica das partes, considero que o valor arbitrado pelo juízo singular a título de indenização por danos morais é perfeitamente coerente, posto que, feita a análise das circunstâncias do caso em concreto, atribuiu-se quantia suficiente para reparar o abalo de moral sofrido pela vítima. Portanto, o valor fixado a título de indenização por danos morais de forma proporcional, observada as circunstâncias do caso em tela, deve ser mantido. Recurso desprovido.Relatório em sessão. Passo ao voto. Presentes os pressupostos de admissibilidade, o recurso deve ser conhecido. Quanto ao mérito, o recurso não merece provimento, conforme razões acima expostas. Proponho, pois, a manutenção da sentença por seus próprios fundamentos, nos termos do artigo 46 da Lei 9099/95. Outrossim, vencida a parte recorrente, impõe-se sua condenação ao pagamento das custas processuais e honorários advocatícios, os quais fixo em 20% (vinte por cento) do valor da condenação, nos termos do art. 55 da Lei nº 9.099/1995. III - Dispositivo: Ante o exposto, esta Turma Recursal resolve, por unanimidade de votos, CONHECER e NEGAR PROVIMENTO ao recurso, nos termos do voto da juíza relatora. O julgamento foi presidido pelo Senhor Juiz Horácio Ribas Teixeira (com voto), e dele participaram os Senhores Juízes Telmo Zaions Zainko e Cristiane Santos Leite (relatora). Curitiba, 22 de outubro de 2010. CRISTIANE SANTOS LEITE Juíza Relatora". (T.R.U./PR – Ac. 57711 - Recurso Inominado nº. 2010.0012084-3/0 – Origem: Terra Boa - Relatora: Juíza Cristiane Santos Leite – DJ: 501 – Publ.: 03/11/2010).

5.4 – Direito do Trabalho:

A incidência de danos morais no Direito do Trabalho, ainda era discutível, passando a não mais haver discussão com a Emenda Constitucional 45/2005, a qual puxou para a Justiça do Trabalho a competência completa para julgar qualquer causa correlata ao mérito trabalhista, inclusive, indenizações por danos decorrentes de acidente de trabalho, assédio moral (constrangimento e atos abusivos do superior hierárquico), assédio sexual, retenção ou atraso indevido de salário, entre outras hipóteses.

Recentemente, após as alterações na CLT, o art. 225, e congêneres, têm sido explícito nesta na ocorrência. A jurisprudência lista os casos com mais precisão:

"AGRAVO DE INSTRUMENTO.
RECURSO DE REVISTA.
ACIDENTE DO TRABALHO.
VALORAÇÃO DA PROVA.
MATÉRIA FÁTICA.
SÚMULA Nº 126 DO TST. O e. Tribunal Regional do Trabalho, apreciando de forma fundamentada todo o conjunto fático-probatório, concluiu, em estrita observância ao princípio do livre convencimento motivado (CPC, art. 131), que a Reclamante tem direito à indenização por danos morais e materiais.

Nessa esteira, a r. decisão é insuscetível de ser modificada em julgamento de recurso de revista, uma vez que, para tanto, seria imprescindível a reapreciação dos fatos e provas, procedimento vedado em sede extraordinária, ante os termos da Súmula nº 126 do TST. Agravo de instrumento a que se nega provimento". (TST - AIRR - 122540-27.2005.5.18.0009 , Relator Ministro: Horácio Raymundo de Senna Pires, Data de Julgamento: 20/04/2010, 3ª Turma, Data de Publicação: 07/05/2010)

"RECURSO DE REVISTA. 1. DA INDENIZAÇÃO POR DANOS MORAIS. A manutenção da condenação a danos morais pela Corte Regional decorreu da confissão ficta aplicada à reclamada. Assim, tem-se como verdadeiros os fatos articulados na exordial quanto ao assédio moral de que foi vítima o reclamante por parte da reclamada e de seus prepostos. Incólumes os artigos indicados por violados. Recurso de revista não conhecido. 2. INDENIZAÇÃO POR DANOS MORAIS. MAJORAÇÃO. Não se caracteriza violação dos artigos 5º, X, e 7º, XXXVIII, da CF e 953 do CC, porque a majoração da condenação teve por fundamento os elementos constantes nos autos e a ponderação do Tribunal a quo de acordo com a extensão do dano causado. Assim, para aferir a tese de que a condenação é excessiva, seria necessária a análise da prova, obstada pela Súmula nº 126/TST. Recurso de revista não conhecido. Recurso de revista não conhecido". (TST - RR - 82500-73.2008.5.04.0304 , Relatora Ministra: Dora Maria da Costa, Data de Julgamento: 19/05/2010, 8ª Turma, Data de Publicação: 21/05/2010).

"ASSÉDIO SEXUAL. DANO MORAL. INDENIZAÇÃO NO VALOR DE R$ 15.000,00. O Tribunal Regional examinou a prova e concluiu que todos os elementos do dever de indenizar foram demonstrados no caso dos autos: sofrimento e abalo psicológicos sofridos presumidamente pela Reclamante em razão de assédio sexual (dano moral), culpa do sócio da empresa Reclamada que assediou a empregada (culpa patronal) e relação de causalidade entre o dano e a relação laboral (nexo causal). No recurso de revista, a Reclamada alega que a Reclamante jamais foi assediada sexualmente no ambiente de trabalho e indica ofensa ao art. 818 da CLT. Caracteriza-se a alegada afronta se o juiz decidir mediante atribuição equivocada do ônus probatório, o que não ocorreu no caso dos autos. O julgador regional não adotou tese explícita a respeito da matéria e, na realidade, o que a Reclamada pretende discutir é a valoração da prova e não a quem cabia o encargo de produzi-la. No entanto, isso é matéria de fato, cuja discussão foi encerrada com o julgamento do recurso ordinário, sendo vedado o reexame de fatos e provas em grau de recurso de revista, nos termos da

Súmula nº 126 desta Corte. Recurso de revista de que não se conhece. Recurso de revista de que se conhece e a que se dá provimento". (TST - RR - 110400-32.2007.5.04.0024 , Relator Ministro: Fernando Eizo Ono, Data de Julgamento: 22/08/2012, 4ª Turma, Data de Publicação: 24/08/2012).

"RECURSO DE REVISTA. COMPETÊNCIA DA JUSTIÇA DO TRABALHO. DANO MORAL. DESCONTOS DE SEGURO DE VIDA. Nos termos do art. 114 da CF/1988, a Justiça do Trabalho é competente para dirimir controvérsias referentes à indenização por dano moral, quando decorrente da relação de trabalho (Súmula 392/TST). Tratando-se os descontos à título de seguro de vida de benefício alcançado em razão da relação de emprego, competente a Justiça do Trabalho para a solução da controvérsia. Violação do art. 114 da Carta Magna não configurada. DANO MORAL. PROVA. DECLARAÇÕES PATRONAIS À IMPRENSA. Concebendo o dano moral como a violação de direitos decorrentes da personalidade - estes entendidos como "categoria especial de direitos subjetivos que, fundados na dignidade da pessoa humana, garantem o gozo e o respeito ao seu próprio ser, em todas as suas manifestações espirituais ou físicas" (BELTRÃO, Sílvio Romero, Direitos da Personalidade, São Paulo: Editora Atlas, 2005, p.25) -, a sua ocorrência é aferida a partir da violação perpetrada por conduta ofensiva à dignidade da pessoa humana, sendo dispensada a prova de prejuízo concreto, já que a impossibilidade de se penetrar na alma humana e constatar a extensão da lesão causada não pode obstaculizar a justa compensação. "Depois de restar superada a máxima segundo a qual não há responsabilidade sem culpa, tendo-se encontrado na teoria do risco um novo e diverso fundamento da responsabilidade, desmentido se vê hoje, também o axioma segundo o qual não haveria responsabilidade sem a prova do dano, substituída que foi a comprovação antes exigida pela presunção hominis de que a lesão a qualquer dos aspectos que compõem a dignidade humana gera dano moral" (MORAES, Maria Celina

Bodin de. Danos à pessoa humana: uma leitura civil-constitucional dos danos morais - Rio de Janeiro: Renovar, 2003, p. 159-60). "O dano moral caracteriza-se pela simples violação de um direito geral de personalidade, sendo a dor, a tristeza ou o desconforto emocional da vítima sentimentos presumidos de tal lesão (presunção hominis) e, por isso, prescindíveis de comprovação em juízo" (DALLEGRAVE NETO, José Affonso, Responsabilidade Civil no Direito do Trabalho - 2ª ed - São Paulo, LTr, 2007, p. 154). "Dispensa-se a prova do prejuízo para demonstrar a ofensa ao moral humano, já que o dano moral, tido como lesão à personalidade, ao âmago e à honra da pessoa, por sua vez é de difícil constatação, haja vista os reflexos atingirem parte muito própria do indivíduo - o seu interior. De qualquer forma, a indenização não surge somente nos casos de prejuízo, mas também pela violação de um direito" (STJ, Resp. 85.019, 4ª Turma, Rel. Min. Sálvio de Figueiredo Teixeira, julgado em 10.3.98, DJ 18.12.98). "Incorre na compensação por danos morais, por violação à honra do empregado, o empregador que lhe atribui acusações infundadas de ato de improbidade lesiva ao seu bom nome, dá informações desabonatórias e inverídicas a alguém que pretende contratá-lo ou, ainda, insere o trabalhador em 'lista negra', para efeito de restrições de crédito e outras operações, visando a discriminá-lo em futuros empregos, pelo fato de o trabalhador tê-lo acionado em Juízo, fornecendo tais informações às prestadoras de serviço e exigindo que elas não contratem esse empregado" (BARROS, Alice Monteiro de Curso de Direito do Trabalho - São Paulo: LTr, 2006). Declarações do banco-reclamado à imprensa, lesivas à competência e ao zelo dos obreiros constantes da lista de despedidos, rotula os trabalhadores com o contrato de trabalho extinto em tal ocasião, ainda mais se considerarmos a amplitude da divulgação - estadual. Trata-se da violação dos direitos da reclamante à imagem, à privacidade, à boa fama, à honra, à reputação, à livre busca por trabalho. Caracterizada, portanto, violação de direitos da personalidade". (TST - RR - 652698-57.2000.5.17.5555 , Relatora Ministra: Rosa Maria Weber Candiota da Rosa, Data de Julgamento: 22/10/2008, 3ª Turma, Data de Publicação: 21/11/2008).

5.5 – Direitos Administrativo, Tributário e Previdenciário:

Aqui, o entrelaçamento dos ramos jurídicos é tão grande que vários exemplos que forem utilizados para um ramo, poderão servir para outro ramo. O motivo de tal entrelaçamento é o fato de que cada um dos ramos de direito em análise neste subtópico, refere-se ao Serviço Público, no geral, ou em casos específicos. No caso, verifica-se que o art. 37, §6º, da Constituição Federal, bem como o art. 43 do Código Civil, determinam a condenação em danos morais por atos praticados por agentes do Ente Público (União, Estados,

Municípios e suas autarquias adjacentes). No primeiro dispositivo mencionado, aliás, temos a alocação da obrigação indenizatória na seara da responsabilidade civil objetiva.

Como ilustrativo, temos o texto do eminente publicista, o mestre Helly Lopes Meirelles[8] sobre o tema:

> "Responsabilidade civil da Administração é, pois, a que impõe à Fazenda Pública a obrigação de compor o dano causado a terceiros por agentes públicos, no desempenho de suas atribuições ou a pretexto de exercê-las".

No esteio da lição do venerando mestre, podemos ver os exemplos mais comuns aos três ramos,

---

[8] Direito administrativo brasileiro; Malheiros Editores, pág. 609.

que podem ser praticados por agentes de todas as esferas públicas em quaisquer órgãos públicos que forem:

"APELAÇÃO CÍVEL. RESPONSABILIDADE CIVIL DO ESTADO. CRIME DE AMEAÇA COM USO DE ARMA DE FOGO. DENÚNCIA ANÔNIMA. PRISÃO EM FLAGRANTE.ATO ILEGAL PRATICADO PELOS POLICIAIS. CRIME QUE NÃO PRESCINDE DA RESPECTIVA REPRESENTAÇÃO.EXEGE SE DO ART. 147 DO CÓDIGO PENAL. AUTOR QUE POSSUÍA REGISTRO DA ARMA. ATO ILEGAL QUE GERA DEVER DE INDENIZAR. FIXAÇÃO DO DANO MORAL.REDUÇÃO DADAS AS PECULIARIDADES DO CASO CONCRETO. JUROS

DE MORA. APLICAÇÃO DO DISPOSTO NO ART. 1º-F DA LEI Nº 9.494/97.HONORÁRIOS ADVOCATÍCIOS. APLICAÇÃO DO ART. 20, §4º DO CÓDIGO DE PROCESSO CIVIL. FIXAÇÃO EQUITATIVA. RECURSO CONHECIDO E PROVIDO EM PARTE."Se a prisão em flagrante foi levada a efeito sem o mínimo suporte indiciário no sentido de que os autuados participaram das práticas delituosas que lhes foram atribuídas, sendo completamente ilegal, tanto que o Ministério Público sequer contra eles ofertou denúncia, inafastável é o dever indenizatório pelos danos morais sofridos. (...) (AC 349691-5, 4ª Câmara Cível, Rel. Des. Marcos de Luca Fanchin, DJ 17/08/2007)".(TJPR - 1ª

C.Cível - AC 932755-5 - Foro Regional de São José dos Pinhais da Comarca da Região Metropolitana de Curitiba - Rel.: Dulce Maria Cecconi - Unânime - J. 27.11.2012).

"APELAÇÃO CÍVEL - ACIDENTE DE TRÂNSITO - AUSÊNCIA DE SINALIZAÇÃO ADEQUADA - CONDIÇÃO QUE EXPÕE OS USUÁRIOS EM RISCO E QUE CONTRIBUIU PARA OCORRÊNCIA DO ACIDENTE - INOBSERVÂNCIA DO ART. 80 DO CÓDIGO DE TRÂNSITO BRASILEIRO - RESPONSABILIDADE OBJETIVA DO MUNICÍPIO - INTELIGÊNCIA DOS ART. 37, §6º, DA CF - OMISSÃO NA SINALIZAÇÃO DA VIA - NEXO DE CAUSALIDADE COMPROVADO - ALEGAÇÃO DE EXCESSO

DE VELOCIDADE DA VÍTIMA - INOCORRÊNCIA - AUSÊNCIA DE PROVAS - MANUTENÇÃO INTEGRAL DA R. SENTENÇA - RECURSO CONHECIDO E IMPROVIDO.I - O nexo de causalidade no presente caso foi comprovado, uma vez que as péssimas sinalização da via contribuiu para a ocorrência do acidente.APELANTE : MUNICÍPIO DE PIÊN.APELADO : FABIO JUNIOR ROZA.RELATOR : RUBENS OLIVEIRA FONTOURA. 2 II - Apesar do Apelante ter alegado que o veículo estava transitando com excesso de velocidade, não há nos autos prova capaz de comprovar tal fato, o que era ônus do próprio Apelante, por se tratar de fato extintivo do direito do Apelado, conforme dispõe o art. 333, II, do Código de

Processo Civil". (TJPR - 1ª C.Cível - AC 959249-6 - Rio Negro - Rel.: Rubens Oliveira Fontoura - Unânime - J. 13.11.2012).

Listamos também casos recorrentes dentro das esferas de direito previdenciário e tributário. Em relação à primeira, podemos citar os seguintes exemplos: pensionistas que são dados como mortos e perdem o benefício tão duramente conseguido, ou caso sob nosso patrocínio que ainda não teve uma sentença de mérito, o qual seja de um pedido de pensão por morte por parte dos pais, quando indeferido por alegação de não haver confirmado a condição de pai adotivo até o evento morte. Ocorre que os pais eram biológicos e a certidão de nascimento, e demais documentos haviam sido inseridos no pedido administrativos. Veja-se a jurisprudência:

"PREVIDENCIÁRIO. REVISÃO DE BENEFÍCIO. DANOS MORAIS. CUMULAÇÃO DE PEDIDOS. VALOR DA CAUSA. COMPETÊNCIA. 1. Havendo cumulação de pedidos, o valor da causa será a quantia correspondente à soma dos valores de todos eles, consoante o disposto no art. 259, inciso II, do CPC. 2. Entende-se que a cumulação pretendida pela parte autora se mostra possível, pois ambos os pleitos apresentam origem comum: revisão da aposentadoria e condenação do INSS ao pagamento de danos morais em razão do cálculo irregular do benefício. 3. A Terceira Seção desta Corte manifestou entendimento no sentido de que a condenação por dano moral deve ter como limite o total das parcelas vencidas, acrescidas de doze vincendas, relativas ao benefício pretendido. No caso dos autos, o valor da causa, somado o montante relativo ao principal com idêntico valor a título de indenização por danos morais, está acima do limite de sessenta salários-mínimos". (TRF4ª Região – Apel.Cív. 5001645-75.2010.404.7113 – Órgão; 6ª Turma – Rel.: Celso Kipper – D.E.: 30/11/2012).

"PREVIDENCIÁRIO. APOSENTADORIA RURAL POR IDADE. REVISÃO DE BENEFÍCIO. CANCELAMENTO. AUSÊNCIA DE FRAUDE OU MÁ-FÉ. ATIVIDADE RURAL. TRABALHADORA RURAL EM REGIME DE ECONOMIA FAMILIAR E

EM CARÁTER INDIVIDUAL. INÍCIO DE PROVA MATERIAL CORROBORADO POR PROVA TESTEMUNHAL. QUALIDADE DE SEGURADA ESPECIAL COMPROVADA. REQUISITOS PREENCHIDOS. RESTABELECIMENTO DO BENEFÍCIO. INDENIZAÇÃO POR DANOS MORAIS. AFASTAMENTO. TUTELA ESPECÍFICA.

1. A Lei n.º 6.309/75 previa em seu artigo 7º que os processos de interesse de beneficiários não poderiam ser revistos após 5 (cinco) anos, contados de sua decisão final, ficando dispensada a conservação da documentação respectiva além desse prazo. Para benefícios concedidos até 14-05-1992, quando

revogada a Lei citada, decorrido esse prazo, inviável a revisão da situação, ressalvadas as hipóteses de fraude, pois esta não se consolida com o tempo. 2. Para os benefícios deferidos antes do advento da Lei n.º 9.784/99 o prazo de decadência deve ser contado a partir da data de início de vigência do referido Diploma, ou seja, 01-02-1999.). 3. O prazo decadencial de dez anos do art. 103-A da Lei de Benefícios, acrescentado pela Lei n.º 10.839/2004, alcança os benefícios concedidos em data anterior à sua publicação (STJ, REsp n.º 1.114.938, Terceira Seção, unânime, j. em 14-04-2010), respeitados os princípios da legalidade e da segurança jurídica. 4. Nos processos de restabelecimento de benefício previdenciário compete ao INSS o ônus de provar a ocorrência de fraude ou ilegalidade no ato concessório, pois este se reveste de presunção de legitimidade, o que não se vislumbra no caso concreto. 5. É indevido o cancelamento da aposentadoria por idade rural do segurado com base em irregularidade não confirmada em juízo. 6. O tempo de serviço rural para fins previdenciários pode ser demonstrado através de início de prova material, desde que complementado por prova testemunhal idônea. Precedentes da Terceira Seção desta Corte e do egrégio STJ. 7. A percepção de pensão previdenciária em virtude do óbito do seu cônjuge em valor inferior a dois salários mínimos não desqualifica a condição de segurada especial da esposa, uma vez que demonstrado nos autos que a indigitada remuneração não era suficiente para tornar dispensável o labor agrícola desempenhado pelo núcleo familiar e em caráter individual. 8. O fato de o genro e a filha exercerem atividade outra que não a rural não serve para descaracterizar automaticamente a condição de segurada especial de quem postula o benefício, pois, de acordo com o que dispõe o inciso VII do art. 11 da Lei n.º 8.213/91, é segurado especial o produtor, o parceiro, o meeiro e o arrendatário rurais, o pescador artesanal e o assemelhado, que exerçam suas atividades, individualmente ou em regime de economia familiar, ainda que com o auxílio eventual de terceiros, bem como seus respectivos cônjuges ou companheiros e filhos maiores de 14 anos ou a eles equiparados, desde que trabalhem, comprovadamente, com o grupo familiar respectivo. 9. A percepção de distinta fonte de renda pelo genro e a filha não desqualifica a condição de segurada especial da mãe, uma vez que não demonstrado nos autos que a indigitada remuneração era suficiente para tornar dispensável o labor agrícola desempenhado pelo núcleo familiar. 10. A parte autora faz jus ao restabelecimento do seu benefício de aposentadoria por idade rural quando demonstrado que ela preencheu todos os requisitos previstos na Lei n.º 8.213/91. 11. Incabível o direito à reparação por danos morais pretendida pela parte autora, porquanto não há prova nos autos de que tenha ocorrido os alegados abalos de ordem moral, bem como o respectivo nexo causal. O cancelamento do benefício na via administrativa, por si só, não implica direito à indenização. Precedentes do STJ e desta Corte. 12. Determina-se o cumprimento imediato do acórdão naquilo que se refere à obrigação de reimplantar o benefício, por se tratar de decisão de eficácia mandamental que deverá ser efetivada mediante as atividades de cumprimento da sentença stricto sensu previstas no art. 461 do CPC, sem a necessidade de um processo executivo autônomo (sine intervallo)". (TRF4ª Região – Apel. Cív.

0016768-42.2011.404.9999 – Órgão: 6ª Turma – Rel.: João Batista Pinto Silveira – D.E.: 05/12/2012).

No caso do Direito Tributário, temos corolários com o ato de inscrição indevida, mas próprios de cadastro de dívida ativa, temos o erro na execução fiscal, entre outros. A jurisprudência os lista com mais precisão:

"ADMINISTRATIVO. RESPONSABILIDADE CIVIL.AÇÃO DE INDENIZAÇÃO POR DANOS MORAIS.INSCRIÇÃO DO NOME DO AUTOR EM DÍVIDA ATIVA E AJUIZAMENTO DE EXECUÇÃO FISCAL. INEXISTÊNCIA DO DÉBITO TRIBUTÁRIO. AÇÃO ADMINISTRATIVA ILEGAL.

DANO MORAL PRESUMIDO. DEMONSTRAÇÃO DO NEXO CAUSAL.Recurso provido, com inversão do ônus sucumbencial". (TJPR - 1ª C.Cível - AC 965426-0 - Jacarezinho - Rel.: Ruy Cunha Sobrinho - Unânime - J. 23.10.2012).

"APELAÇÃO CÍVEL. RESPONSABILIDADE CIVIL DO MUNICÍPIO. INDENIZAÇÃO POR DANOS MORAIS.EXECUÇÃO FISCAL. AJUIZAMENTO INDEVIDO. IPTU.ANTIGA PROPRIETÁRIA DO IMÓVEL. BLOQUEIO DE VALORES VIA BACENJUD. INFORMAÇÕES EQUIVOCADAS NO PROCESSO. COMUNICAÇÃO DE ACORDO EM NOME DA AUTORA SEM A SUA

ANUÊNCIA. CONFISSÃO. ABALO MORAL CONFIGURADO.Demonstrado o indevido ajuizamento de execução fiscal para cobrança de dívida de IPTU em face da antiga proprietária do imóvel, inclusive com bloqueio "on line" de ativos financeiros em conta de sua titularidade, resta configurado o abalo moral passível de indenização.Para o caso, a insistência do Município, que realizou acordo com o real devedor deixando suspensa a execução contra a autora, acabou por prolongar a situação prejudicial que autoriza a indenização.Recurso de Apelação não provido". (TJPR - 2ª C.Cível - AC 980524-7 - Santo Antônio da Platina - Rel.: Pericles Bellusci de Batista Pereira - Unânime - J. 04.12.2012).

5.6 – <u>Direito de família – questões de adultério e rompimento de noivado</u>:

Embora inicialmente, o direito de família seja inserido no ramo de direito civil, este é um ramo quase autônomo, que pode ser dissecado com suas modalidades próprias sem maiores problemas para com as outras áreas.

Já há alguns anos, se fala no dever indenizatório entre cônjuges. O tema é controverso, não havendo consenso nem dentro do próprio STJ. Mas o tema já foi esmiuçado em várias ocasiões. Decorrem em muitos casos de divórcios geralmente muito tumultuados, com origem nos casos de adultério praticado por um dos cônjuges, ou casos de noivos que no último momento rompem o noivado deixando o outro parceiro injuriado e triste. Admissível até para caso de companheiros (concumbinato), aplicável nas mesmas proporções ao tema. A jurisprudência não é exatamente assente, como se vê abaixo:

"RESPONSABILIDADE CIVIL - DANOS MATERIAIS E MORAIS.PRELIMINAR. JUNTADA DE DOCUMENTOS EM SEDE RECURSAL. DOCUMENTOS NOVOS. NÃO CONFIGURAÇÃO. NÃO CONHECIMENTO. PRELIMINAR EM CONTRARRAZÕES.PRES SUPOSTOS DE ADMISSIBILIDADE.INTERP OSIÇÃO DO APELO ANTES DO JULGAMENTO DOS EMBARGOS DECLARATÓRIOS. DESNECESSIDADE DE RATIFICAÇÃO DAS RAZÕES. TEMPESTIVIDADE DO RECURSO EVIDENCIADA.MÉRITO.

DANOS MATERIAIS.RELACIONAMENTO AMOROSO DE LONGA DATA -VALORES REPASSADOS DO EXTERIOR PELO AUTOR À REQUERIDA PARA AQUISIÇÃO DE APARTAMENTO - COMPRA DO IMÓVEL PELA REQUERIDA SOMENTE EM SEU NOME, REVENDENDO-O APÓS APROXIMADAMENTE CINCO MESES - DEVOLUÇÃO DOS VALORES DEPOSITADOS DEVIDO. DISPÊNDIO REFERENTE À REFORMA E MOBÍLIA DO IMÓVEL - COMPROVAÇÃO DE QUE OS GASTOS FORAM EFETUADOS NO IMÓVEL PELO PRÓPRIO DEPOIMENTO PESSOAL DA REQUERIDA.DANOS MORAIS. PRESENÇA.RELACIOANA

MENTO AMOROSO DE BRASILEIRA COM ALEMÃO POR MAIS DE 6 ANOS. DEPÓSITO DE NUMERÁRIO PARA AQUISIÇÃO DE APARTAMENTO, MOBILIÁRIO E REFORMA.AQUISIÇÃO DO IMÓVEL EM NOME PRÓPRIO DA RÉ. REVENDA COM AQUISIÇÃO DE OUTROS DOIS IMÓVEIS EM NOME DELA E DO FILHO.PRESENÇA DA DOR MORAL CARACTERIZADA PELO SENTIMENTO DE TRAIÇÃO DE QUEBRA DA JUSTIFICÁVEL CONFIANÇA.RECURSO DESPROVIDO". (TJPR - 10ª C.Cível - AC 881420-6 - Foro Central da Comarca da Região Metropolitana de Curitiba - Rel.: Arquelau

Araujo Ribas - Unânime - J. 30.08.2012).

"APELAÇÃO CÍVEL - AÇÃO DE INDENIZAÇÃO - ROMPIMENTO DE NOIVADO - DANOS MATERIAIS - COMPRA DE CASA - CONTRIBUIÇÃO FINANCEIRA DE AMBAS AS PARTES - DEVER DE INDENIZAR PROPORCIONALMENTE AO VALOR GASTO POR CADA UM - DANOS MORAIS NÃO CARACTERIZADOS - AUSÊNCIA DE COMETIMENTO DE ATO ILÍCITO - ROMPIMENTO QUE SE DEU SEM QUALQUER CIRCUNSTÂNCIA EXCEPCIONAL QUE PUDESSE CARACTERIZAR ATO ILÍCITO - CONDENAÇÃO AFASTADA RECURSO

PARCIALMENTE PROVIDO Não ostenta procedência o pleito de indenização por dano moral em decorrência de rompimento de noivado, visto esse fato por si só não constituir ato ilícito". (TJPR - 9ª C.Cível - AC 876874-1 - Arapongas - Rel.: José Augusto Gomes Aniceto - Unânime - J. 31.05.2012).

A indenização, no nosso entender, só pode caber, quando do casamento, somente no aspecto dos danos morais, posto que o rompimento matrimonial, em dados aspectos, provoca realmente enorme sofrimento na mente de seus protagonistas. Quanto aos danos materiais, sem querer parecer sexista ou machista, o fato de a esposa que não trabalha, não contribui na manutenção financeira da casa, estando em plenas condições de saúde, deve contribuir para a harmonia do lar. O entendimento toma por base o art. 1511, do vigente Código Civil. Portanto, indenizar algo que já é um dever legal, não é compatível com o bom direito.

5.7 – <u>Direito de menores – da indenização por danos morais sociafetivos</u>:

Uma nova hipótese de reparação de danos morais, ligado principalmente ao Direito de Menores, a indenização decorrente de responsabilidade sócioafetiva ainda encontra-se em meio turbulento, posto forte resistência aos operadores jurídicos. A teoria em si, encontra respaldo na própria Constituição Federal, no art. 227, onde se expressa que a criança, o filho em seu aspecto mais amplo, seja biológico ou por efeito legal, é dado o direito de ser protegido, amado e cuidado moral, intelectual e espiritualmente. A jurisprudência ainda diverge, mas como podemos verificar nos julgados abaixo, o entendimento que tem prevalecido é o dever de indenização:

"CIVIL E PROCESSUAL CIVIL. FAMÍLIA. ABANDONO AFETIVO. COMPENSAÇÃO POR DANO MORAL. POSSIBILIDADE. 1. Inexistem restrições legais à aplicação das regras concernentes à responsabilidade civil e o consequente dever de indenizar/compensar no Direito de Família. 2. O cuidado como valor jurídico objetivo está incorporado no ordenamento jurídico brasileiro não com essa expressão, mas com locuções e termos que manifestam suas diversas desinências, como se observa do art. 227 da CF/88. 3. Comprovar que a imposição legal de cuidar da prole foi descumprida implica em se reconhecer a ocorrência de ilicitude civil, sob a forma de omissão. Isso porque o non facere, que atinge um bem juridicamente tutelado, leia-se, o necessário dever de criação, educação e companhia - de cuidado - importa em vulneração da imposição legal, exsurgindo, daí, a possibilidade de se pleitear compensação por danos morais por abandono psicológico. 4. Apesar das inúmeras hipóteses que minimizam a possibilidade de pleno cuidado de um dos genitores em relação à sua prole, existe um núcleo mínimo de cuidados parentais que, para além do mero cumprimento da lei, garantam aos filhos, ao menos quanto à afetividade, condições para uma adequada formação psicológica e inserção social. 5. A caracterização do abandono afetivo, a existência de excludentes ou, ainda, fatores atenuantes - por demandarem revolvimento de matéria fática - não podem ser objeto de reavaliação na estreita via do recurso especial. 6. A alteração do valor fixado a título de compensação por danos morais é possível, em recurso especial, nas hipóteses em que a quantia estipulada pelo Tribunal de origem revela-se irrisória ou exagerada. 7. Recurso especial parcialmente provido". (STJ - REsp 1159242 /SP RECURSO ESPECIAL 2009/0193701-9 – Órgão: 3ª Turma – Rel.; Minª Nancy Andrighi – DJe; 10/05/2012).

"I - APELAÇÃO CÍVEL. AÇÃO DE INDENIZAÇÃO POR DANOS MORAIS

DECORRENTE DE ABANDONO AFETIVO. SENTENÇA QUE JULGA IMPROCEDENTE O PEDIDO INICIAL SOB O FUNDAMENTO DE AUSÊNCIA DE ATO ILÍCITO. II - CERTIDÃO NO DISTRIBUIDOR ONDE CONSTA DIVERSAS AÇÕES DE ALIMENTOS AJUIZADAS PELA AUTORA. III - ATO ILÍCITO CARACTERIZADO.
DIREITO DA CRIANÇA E DO ADOLESCENTE À CONVIVÊNCIA FAMILIAR. ART. 227 DA CONSTITUIÇÃO FEDERAL. PRINCÍPIO DA DIGNIDADE DA PESSOA HUMANA. IV - DANO MORAL. DEVER DE INDENIZAR.
PRECEDENTES DESTE TRIBUNAL. V - VALOR DA INDENIZAÇÃO FIXADO EM R$5.000,00. VI - RECURSO PROVIDO". (TJPR - 8ª

C.Cível - AC 768524-9 - Foz do Iguaçu - Rel.: Jorge de Oliveira Vargas - Unânime - J. 26.01.2012).

Aqui, cabe uma observação deste autor, para que possamos entender melhor. Se formos observar o art. 227 da Constituição Federal, combinado com art. 4º do Estatuto da Criança e do Adolescente, a indenização por danos morais é devida sim. Ora, a criança, é a parte mais frágil desta relação, e para ela, devem ser voltados os melhores esforços de seus pais no sentido de proteger, cuidar, zelar e educar. Afinal, se há adultos problemáticos, é porque em algum momento, quando crianças, estes mesmos adultos sofreram alguma espécie de abuso físico ou moral, que lhes moldou erroneamente. E considerar que um pai abandonar um filho, é um abuso que seja descrito como mero aborrecimento, é a ordem normal de todo bom operador jurídico.

Não se quer o pai perfeito, posto que tal perfeição nunca foi atingida pelo ser humano mediano, mas que se dê respeito, carinho e amor. Estes são imprescindíveis. E como este dever está, conforme já falamos acerca do mencionado art. 4º do Estatuto da Criança e do Adolescente, enraizado tanto no costume quanto na lei, não se pode elidir a sua pretensão indenizatória.

6 – <u>VALORAÇÃO DO DANO MORAL</u>:

O quanto vale o dano moral? Essa indagação permeou, como permeia até hoje nas mentes dos operadores jurídicos, principalmente com a ratificação do instituto no final dos anos 80, com o advento da Constituição Federal. A doutrina e a jurisprudência firmaram um entendimento aquela época, dando as seguintes diretrizes para o balizamento do valor do dano moral:

1 – o dano e sua extensão;
2 – a pessoa do ofensor e do ofendido;
3 – o efeito educativo que deve ter na pessoa do ofensor.

Até o ano de 1996, o maior valor pago à título de danos morais era o equivalente à cem salários mínimos. No entanto, quando do acidente envolvendo o avião da TAM em São Paulo neste período, que matou várias pessoas, entre passageiros e moradores de um bairro adjacente, e que destruiu casas e prédios deste lugar, os valores passaram a ser majorados entre cem à até quatrocentos salários mínimos por pessoa. Outro precedente que deixou mudou o panorama jurídico na época, foi o caso do edifício Palace 2, no Rio de Janeiro, onde os pedidos passaram de quinhentos salários mínimos por pessoa.

Com o advento do Código Civil, o art. 944, em seu "caput", deu um horizonte para o operador do direito, ao dizer que a indenização mede-se pela extensão do dano. Ou seja, de forma implícita, todos os predicativos expostos linhas retro, tiveram sua normatização. No entanto, conforme o julgado abaixo temos ainda, sérios problemas para poder definir os valores das indenizações:

DECISÃO: ACORDAM os Senhores Desembargadores integrantes da Décima Primeira Câmara Cível do Tribunal de Justiça do Estado do Paraná, por unanimidade de votos, em dar parcial provimento à Apelação. EMENTA: APELAÇÃO CÍVEL - AÇÃO DECLARATÓRIA DE INEXIGIBILIDADE C/C INDENIZAÇÃO POR DANOS MORAIS E TUTELA INIBITÓRIA - PLEITO DE MAJORAÇÃO DA VERBA INDENIZATÓRIA FIXADA EM PRIMEIRA INSTÂNCIA - VALOR QUE MERECE SER MAJORADO - SENTENÇA REFORMADA. APELAÇÃO PROVIDA. (TJ/PR – Ac.5723 – Órgão: 11ª C. Cível – Rel.: Des. Éracles Messias – DJ: 7348-Publ.:20/04/2007).

A bem da verdade, a valoração do dano moral nunca chegou à um denominador comum, mesmo para os operadores mais tarimbados, mas geralmente, o que se nota é que prevalece o bom senso e a proporcionalidade.

O único dispositivo que traz um balizamento expresso, é art. 225 G da atual CLT. Naquele dispositivo, têm-se os valores e parâmetros adotados pela Justiça Trabalhista. A nosso ver, um acerto do legislador.

CONCLUSÃO:

Muito se tem pensado acerca de uma definição, ou mesmo um rumo para o dano moral. O que podemos, de antemão, é concluir que o instituto do dano moral como um todo reside dentro de uma ciência humana, o Direito. E como tal, seguirá sua evolução e aperfeiçoamento mais completo, evoluindo com o próprio Direito.

Veja-se que atualmente se fala no dano moral coletivo, oriundo das relações de consumo (ex.; caso Gugu Liberato, que em seu programa em 2003, forjou uma entrevista com um suposto líder do PCC), do dano moral ambiental (e também se inclui aí, a proteção ao patrimônio histórico e cultural), até se fala em dano moral por assédio processual (ou seja, a indenização por danos morais em decorrência por atos protelatórios de uma parte em prejuízo de outra), e outras hipóteses afins.

Por derradeiro, o dano moral é um direito que veio para ficar, e que por si só estimula ao pensamento à criação jurídica e ao desenvolvimento da mentalidade dos novos operadores jurídicos.

BIBLIOGRAFIA:

BASTOS, Celso Ribeiro; Curso de Direito Constitucional; Ed. Saraiva, págs. 203, 205 e 206.

CHAVES, Antonio; Tratado de direito civil – responsabilidade civil; vol. 3, Ed. RT, pág. 190.

MEIRELES, Helly Lopes; Direito administrativo brasileiro; Malheiros Editores, pág. 609.

MOREIRA, Luiz Roberto Curado; A problemática do dano à imagem, site www.jusnavigandi.com.br.

REFÊNCIA DE SITES DA INTERNET:
www.stf.jus.br.
www.stj.jus.br
www.tst.jus.br
www.jfpr.jus.br
www.trf4.jus.br
www.tjpr.jus.br
www.jusnavigandi.com.br
www.wikipedia-pr.org.